Pinacoteca fingida
Carmen Isasi

Colección Baños del Carmen

Carmen Isasi

Pinacoteca fingida

EDICIONES VITRUVIO
Colección Baños del Carmen,
nº 1073

www.edicionesvitruvio.com

Primera edición, 2025

© Carmen Isasi

© Ediciones Vitruvio
C/ Menorca, nº 44
28009
Madrid
Tlf: 91 573 2186

ediciones vitruvio, nº 1. 794
ISBN: 979-13-991256-4-1
Depósito legal: M-27547-2025

Pinacoteca fingida

Para Carlos

A MODO DE INTRODUCCIÓN

Este poemario trata de mujeres ignoradas, del tiempo-no tiempo, de la naturaleza desangrada y hermosa, la guerra, la esperanza, el refugio de todos los afectos y el dolor de las pérdidas. Un juego donde danzan las sílabas sometidas al ritmo. Quizá una adivinanza sobre los códigos que esconden las notas musicales o la física. Reflexiones, tal vez, sobre el propio sentido de escribir.

SALA 1
Interiores

LA MEDIADORA

Fugaz como las tardes infantiles,
inquieta como vuelo de gaviotas:
así te siento,
mi compañera esquiva.
Pero soy luz sin tiempo
cuando vienes a mí,
cuando susurras en mis manos
versos que desconozco
y que veo nacer mientras escribo.
Tú me llevas más allá de mis días,
más allá de este espacio ribereño
donde creció mi máscara.
Y entonces hablo con tu voz prestada,
y entreveo en lo hondo
un pálpito que me es ajeno,
que nos supera,
para el que ni siquiera tú
encuentras las palabras.

INSUMISIÓN

Por qué rezumas en mis labios
esta música oscura
como si la cantaran
todos los frutos ya marchitos del mundo,
todos los tallos asfixiados
en su batalla de raíces.
No la repetiré,
aunque deba taparme la boca y los oídos
con las arenas de la soledad.

ESCRITURA

Escancia letras
como savia dormida
del árbol de los dioses.
Pero son hilos de su propia sangre
que derrama entre sueños.

ENMIENDA TEXTUAL

Ya estoy aquí. He llegado a mí misma.

Carmen Isasi

Así escribí que aquel perfil borroso
era un yo conquistado.
Los días han reído
sobre mi ufana pretensión,
han quebrado la máscara
para esculpir añicos más humildes.
Y si hoy me preguntáis,
diré que sigo siendo
viajera de mí misma
en esta ruta incierta
que dibuja la vida.

APUNTE EN VERDE

Yo soy el brote vivo
bajo la sombra de la duna.
Tú eres el agua
que hará de mí un oasis.

VIDA

Sientes su beso
sobre tus cicatrices,
el latir del deseo
sobre la carne herida.
Y te abrazas a él
como la vid al olmo.
Plenitud.

POLICROMÍA DIFUSA (*Pentimento*)

Sé que el tiempo no existe,
pero he elegido
mantener el ensueño
y hasta cubrirlo de colores:
el verdor insumiso de la hierba,
el rojo de una sala de partos…
Y todos los azules
cuando me miras
con ojos anegados de horizonte.

AL NIÑO VIAJERO

Cómo duele el amor en los adioses,
cuando quedan las risas
vueltas en una sombra de presencia.
Siempre seremos marineros valientes
y astronautas que vencen a los monstruos
en algún infinito sin galaxias
donde te quiero más allá del tiempo.

ARMONÍA FINAL

Ella se acerca,
avanza en el sendero iluminado.
Es tan tibia la niebla,
el sonido tan leve…
«Oui, c'est elle, c'est la déesse…»
Y me sonríe.

PROCLAMA DE LA CURIOSIDAD

Llegará un tiempo
en que dirá mi alma:
«Es hora de dejar
esta carcasa somnolienta».
Pero no es hoy.
Mis venas aún se aferran
al imprevisto cotidiano;
hay latido en mi vientre,
hay asombro en mis ojos cuando miro.
Ese tiempo no es hoy.

BRINDIS

A los ausentes que nos acompañan,
los que rieron con nosotros
otros días felices.
A los ausentes que vendrán
y reirán nuestra memoria
por esa huella leve
que dejaremos en sus vidas.

DISTANCIAS

Qué difícil reír sobre el recuerdo
cuando no hay eco de mis risas
en tus labios ausentes,
y las palabras que no se pronunciaron
morirán en el tiempo
como las hojas de los girasoles.
Se han escarpado todos los senderos,
los manantiales me negarán el agua,
porque no son tus manos
el vaso donde voy a beberla.

EL TELAR COMPARTIDO
(Memoria de Elena Epalza)

Distraída, hila hebras pensantes.
Elvia Ardalani

Hebra tras hebra,
tejidos de palabras
con anversos de zozobra y de risas.
Un diseño quebrado de improviso
por las levas trucadas de la muerte.
Pero aún cuido los restos de la urdimbre:
algunas tardes
te muestro borradores
e imagino tu voz
como un susurro de presencia.

DESTERRADO

(A J. L. Ramírez Luengo)

Buscas tu ser errante en los espacios:
en ruinas perecidas,
en el silencio de ocultos monasterios.
Pero no estás ahí.
Buscas entonces los vestigios
más allá del océano,
en el recuerdo de las voces indígenas,
en el aroma de ritos ancestrales.
Porque es el tiempo lo que tu alma anhela,
otros tiempos vividos o soñados
donde te reconoces.
A veces, al leerte,
creo escuchar tus risas
en los jardines de Mateus.

SIEMPRE

Te encontraré de nuevo
más allá de la nada y de los tiempos.
Y sin mis ojos empañados,
mi alma te reconocerá.

A VOSOTROS

Cuando deje de estar,
haced por mí guirnaldas de futuro:
guardad en una caja
 –diminuta como siete universos–
mis tesoros felices,
los no importantes, que me importaron tanto.
Guardad la melodía del *Adeste,*
el desliz juguetón de las perseidas,
el aire que atraviesa
las zonas de llegada de los aeropuertos.
Y guardad en mi nombre
las primeras miradas
de los niños que rehagan la vida.

SÍMBOLOS

Bolsas negras y zopilotes flotaban en el aire.
Estíbaliz Madrazo

Esta noche he soñado con un barco
lleno de zopilotes.
Y mientras los miraba,
han cambiado en niños taciturnos,
ennegrecidos
por quién sabe qué desgracias perpetuas.
Uno de los pequeños me ha mirado:
«¡Madre!»
«No soy tu madre»,
 me he escuchado diciendo,
«pero te quiero igual».
Y el barco entonces se ha perdido
en esa niebla que nos protege de los sueños.

LOS NAVEGANTES DEL NARCISO DORADO

(Alegoría para *long-term cancer survivors*)

Vencéis la incertidumbre de la noche
o el reto del amanecer
en un viaje de astrolabios ocultos,
de singladuras zozobrosas
y días de serenidad.
Bregáis esperanzados
con velamen y jarcias
porque siempre hay un puerto al que llegar.
Y ahora sois ya marinería experta
–largos supervivientes de vientos de fortuna
y de los riesgos de la calma chicha–
en ese noble barco que se ufana
con un ramo de narcisos dorados
por mascarón de proa.

VIDAS PARALELAS

Hay veces que me oculto de mí misma,
y mi yo cotidiano me reclama
como busca el halcón
la mano del cetrero
o el niño tierno el pecho de la madre.
No me hallará
en las estancias que él conoce,
porque soy otra, en otros mundos,
en tiempos no vividos.
Cuando regreso,
abrazo con ternura
a mi yo tembloroso
para adentrarnos juntas
en el asombro de la realidad.

SALA 2
Paisajes

INCENDIO

Lloran los troncos quebrantados
hilos de savia sin futuro
y hay mensajes de muerte
bajo el secreto de las micorrizas.
En los lechos inertes de todos los arroyos,
solo cadáveres de ardillas y de liebres.
Cruje el horror
sobre las alas de los ruiseñores.

PODER

Indómita,
con el furor de la vida implacable,
nace junto al volcán
la flor del tajinaste.

HIERBA

Ondeas, despaciosa,
como mecida por el ritmo
de un *Ave verum corpus*.
Pero la vida brujulea
debajo de tus tallos
en universos de lombrices,
de insectos, de hongos dialogantes...
Y suplico a las nubes
que te donen el tesoro del agua,
porque somos también
seres de las praderas.

TALA DE UNA CHOPERA

Nadie oyó en tu caída el llanto verde
dulce queja
         de amor
               desesperada.

ESENCIA (Meditación)

En lo hondo de algún bosque
el petirrojo canta
su gorjeo melódico.
Pero un día, curioso,
lleva sus alas
hacia cielos norteños,
donde él no sabe
que se llama *txindor*.

ATARDECER. PALAZZO PITTI

No te abandona el sol en el ocaso:
ansioso de tus líneas infinitas
te cubrirá de rayos vespertinos
en humilde tributo a esa armonía
que mitiga la fiebre de sus llamas.

HOUSE-HOME

Mi casa ocupa la cumbre del Txarlazo,
que tantas veces paseé con mi padre,
las siete calles de los abuelos artesanos,
el aula donde aprendí a leer.
Mi casa es el despacho de un viejo profesor,
los cines compartidos con mi madre,
las páginas de algunos libros.
Pero esos son los muros de la casa,
los que ahora guardan el calor de este hogar:
el amor de mis días,
los renuevos que llevan nuestra sangre,
los amigos que me regaló el tiempo.

TRATADO SOBRE EL COLOR EN VERSO ALEJANDRINO

Tal vez pueda fingir color en los paisajes:
un azul de zafiro vuelto en olas y espumas,
marrones caedizos en las líneas de costa,
fugaces nubes blancas manchadas de cinabrio.
Pero la vida crece en hoyos sin mirada,
el cielo negro oculta los destellos turquesa,
y los muertos se pudren en olvidos oscuros.
Por eso a veces trazo espacios incoloros
–de dolor transparente y risas invisibles–
como si los soñara a la luz de un pabilo.

SILENCIOS

Se acallarán los cantos,
el lúcido vivir de los océanos.
Por algún tiempo,
serán memoria
la majestad del vuelo del halcón
y la experiencia de los elefantes.
Hasta que cesen los rumores
en los enjambres ignorados,
y de nosotros mismos
no quede ni siquiera el recuerdo.

CANTATA DE LOS PARQUES

Para Ana Elejabeitia

No me pidas que ría
como en mis años inocentes.
Es el tiempo de la contemplación,
del silencio que aúlla
por los ojos de niños sin futuro,
por los suelos feraces agostados
bajo cielos inhóspitos.
Eso me digo, las tardes de desesperanza.
Y entonces, a menudo,
en nuestro viejo parque de los patos,
me asaltan las escenas cotidianas:
los gorriones urbanos,
el bullicio jugoso de los jóvenes,
la calma de quienes paladean
la promesa de los atardeceres.
Y en la armonía imperceptible
de esas notas que se fingen dispersas
canta de nuevo la sonrisa.

ESCORZO DE FUTURO

Tal vez, un día, nuestro legado sea
el agua de los cuerpos.
Tal vez, un día, envidiaremos
los dones del pelícano,
cuando las costas retrocedan
porque el mar las devora
como un Saturno recreado.
Lloran los ríos en sus cauces impuros,
llora la tierra su aborto de semillas...
mientras vamos tallando, paso a paso,
el desierto de nuestro propio *Dune*.

Siluetas

SANGUINA DE LAS IGNORADAS

Solo fugas de líneas somnolientas,
un recuerdo de luz,
sombras vacías;
esbozos olvidados
por desvaríos de pinceles ciegos
en el dibujo oculto de los siglos.

LAS SOMBRAS

Dame a beber tu nombre silencioso
para que se iluminen
tus pinceles ocultos,
tu pluma esclavizada,
el paso oscurecido
por los senderos de la ciencia.
Amiga, hermana, madre de otros días,
dame la huella de tus dedos
para marcar el mundo.

'ANCESTRA'

Apenas una vida presurosa,
una huella dejada sobre el barro.
Nada en el tiempo.
Pero los frutos de su vientre
vencen el paso de los siglos.

REVISIÓN DE HEROÍNAS

Estás en el salón del trono,
tú, «discreta Penélope»,
junto al famoso Ulises,
poderosa y triunfante.
Porque él los ha vencido hoy con el arco,
pero tú los venciste muchos años
con un simple telar.

PANEGÍRICO A LAS MUJERES FÍSICAS

Reviso nombres de diversas lenguas:
Curie, Pockels, Tsingou, Meitner, Terian,
Teresa Ruíz, Felisa Martín Bravo,
y tantas otras, en el rotar del mundo.
Las que paristeis investigaciones
que no llevaron vuestros apellidos,
las que hoy avanzan
por sendas de progreso.
Leo de los trabajos de estos tiempos
y envidio, sobre todo, los espacios
que ya alumbráis en todas las fronteras:
las danzas de neutrinos y fotones,
el secreto nacer de las galaxias
o las zonas oscuras insondables.
Porque en vuestros debates peregrinos
se agazapan las claves de todos los misterios.

MADRE

Tu voz se hace neblina
con el pasar del tiempo.
Entregaría
toda la música del mundo
por escucharte una vez más.

¿LA PRUDENCIA EN LA MUJER?
(Paradoja)

Envuelve tus palabras
en un sudario de ignorancia.
No decir. Silenciarte.
Tal vez halles un bosque
en tu propio interior
para esconderte tras su fronda
y desaparecer.

EL TENDAL (Lorquiana del mal amor)

Blancos los lienzos de cama,
blancos los manteles nuevos.
Solo las pinzas son rojas
esparcidas en el suelo...
como el mandil de la niña
a la altura de su pecho.

CULTIVO DE ESCRITORA

La niña sueña
que sus pies son dos alas.
Pero aún no son los días
para las mariposas.
....
La joven ve crecer
tallos de poesía
entre los sembradíos de sus sueños.
Pero no es aún momento
para recolectar.
....
La mujer descubre
que hay un enjambre de palabras
entre los huecos de su corazón.
Abre entonces los labios
y las abejas brotan,
y fecundan los campos
donde crecerán cuentos,
y los jardines
que cuajarán planteles
de versos embriagados.
....
La anciana crea con el pulso firme.
Porque ha vivido un tiempo de callar,
y un tiempo de atender,
un tiempo de soñar
y un tiempo de escribir.

SALA 4
Pintura bélica

HORIZONTE DEVASTADO

Hay muchos tiempos
que la guerra reclama
con sus cuotas de sangre.
Se abren entonces
los vientres virginales
y dan a luz gigantes
sin corazón y sin entrañas.
Llora el olivo un verde amargo
que seca todas las raíces,
hierve la lluvia sobre nuestros rostros.
Y luego, todo queda en calma,
los dioses sosegados,
el grito en la guarida
de su furor durmiente.

SUPERVIVIENTES

Haremos pan
con las orillas trituradas,
con los guijarros de los montes.
Haremos pan
con el polvo de las casas en ruinas,
con la humedad de nuestros ojos.
Y con los huesos de los muertos,
haremos pan.

CRÓNICA IMPOSIBLE

Brota la sangre desde mi pantalla
mientras los ojos
se me llenan de vísceras.
¿Cómo puedo escribir,
cuando quiero arrancar, a dentelladas,
estas letras estériles
que gritan en mis manos?

LA CORRESPONSAL DE GUERRA

Si pudieras
descubrir la verdad
en mi pecho quebrado,
apartar con tus manos
estos huesos inútiles…
y en el rincón oscuro de la sangre,
húmeda y frágil,
¡la palabra al fin!

BOMBARDEO (Segunda lorquiana)

Caracolilla, Caracolilla,
dame un refugio
trenzado en tu garganta.
¡Qué arenoso gemido en la escapada!
Corred,
huyamos todos al triángulo.
Caracolilla, Caracolilla,
¿se ha apagado tu voz de carne de membrillo?
Ya todos los arpegios son inútiles.

FUGALICIDAD

Tu voz como un ocaso *férido*,
oscuro *serpetávulo*
de terrores *anudios*.
¡Calla el desastre de los días *morbianos*!
Respeta al menos
la *aláclida* inocencia
de nuestra infancia *levescente*.

NIÑA EN PIJAMA BLANCO

Resuena,
se oye el tambor oscuro del combate.
Los días se craquelan asustados
ante un futuro de crepúsculos rojos.
Pero la vida se refugia
en el blanco tranquilo de tu pijama viejo:
mientras respiras cuando duermes
recubres con pan de oro
la incertidumbre del mañana.

SALA 5
Abstracción

PRESENCIA AUSENTE EN FONDO NEGRO

Sobre Marcos 9:24

Un silencio de luz sin tu presencia,
un horizonte cegado de vacío.
¿Cómo invocar el nombre que no tienes,
cómo escuchar el eco de tus huellas?
Todos los universos están solos,
todas las vidas solas
en este tiempo herido de infinito.

NEGACIÓN DEL CLAROSCURO

Hay luz entre los tonos de una fuga
y en el silencio tras los bombardeos.
Hay luz de fuego en los atardeceres
y de ceniza sobre la mar nublosa.
Hay luz en las miradas del adiós
y en el llanto de un niño cuando nace.
Hay luz hiriente en el conocimiento
y en la sombra de la divinidad.

EN EL PRINCIPIO ERA LA MÚSICA

Dame saber de tus compases,
hacedor de armonías.
Dame notas que vibren
como universos renacidos
sobre los pentagramas
y arpegios que contengan
el origen del tiempo.

CULMINACIÓN

Bajo el atardecer,
todo se inunda
con sus ecos ausentes.
Cubren las sombras
la tierra solazada
y el tiempo finge
esferas de infinito.

TRANSVERSO

Enséñame, Amado de mi alma, dónde apacientas. Ct. 1:7

Te alabaré en arpegios
hechos de miel y de romero.
Como gacela blanca me apacentarás,
y me reposaré
en el fractal de tus apriscos.

HÉROE

El ser se despojó de su mortaja,
liberado y glorioso,
y vio por fin la oscura forma
del todo y de la nada,
y el *siempre* coronado
de tiempos huidizos.
Pero ajeno a su triunfo
suplicó sin palabras:
¡Devolvedme la vida!

GÉNESIS

Nos construyó del barro,
polvo y arena
con semen de cianuro;
un hilo de agua
que se mira a sí mismo.
Y ahora somos
fingidas importancias
que el universo ignora.
Volveremos al barro,
tal vez, en la rutina de lo eterno,
para engendrar materia de otras vidas.

UNIVERSO–TIEMPO

Cuando no queden rosas,
ni unicornios soñados,
ni lagartijas que paseen
entre los ojos de las calaveras,
seguirán oscilando los neutrinos
sobre el espejo de sí mismos.

SONETO DEL DESENGAÑO

Los instantes no miden el tiempo.
Quevedo/Malvezzi

Se nos escapa la hora destrozada
en buscar fatigados el reposo
soñando inútilmente en el hermoso
descansar en la vida sin parada.

Sufrimos cada instante tembloroso
que no construye tiempo en su cadencia
y es quiebra del vivir esta dolencia
y fuente de tormento doloroso.

Oculta está la eterna melodía
del tiempo inmóvil, la verdad serena,
en las esferas quietas de armonía,

en ese Dios que el universo ordena,
donde el alma la paz hallar confía
lejos de la ansiedad que la enajena.

GERMEN

Canta el fractal
en la pradera de la vida;
se expanden células y plantas,
universos tal vez.
¿Acaso guarda en su armonía
la clave de la eternidad?

SU VOZ

«Mi voz es tiempo oculto
en el olvido de tu sangre.
Mi voz es la llamada de las aguas
y bosque resurgido
del viento del desierto y de la nieve.
Mi voz es musgo
sobre todas las cuevas,
sobre todos los úteros.

Mi voz es el vacío creador
y la promesa de la certidumbre».

AGRADECIMIENTOS

A Izaskun Gracia Quintana, Estíbaliz Madrazo San Emeterio, Santiago Pérez Isasi y José Luis Ramírez Luengo, que leyeron y comentaron con agudeza de escritores y corazón de amigos el manuscrito de este poemario.

ÍNDICE

A modo de introducción, 11

Sala 1
Interiores, 13

La mediadora, 15
Insumisión, 16
Escritura, 17
Enmienda textual, 18
Apunte en verde, 19
Vida, 20
Polícromía difusa, 21
Al niño viajero, 22
Aromonía final, 23
Proclama de la curiosidad, 24
Brindis, 25
Paradoja de la inadvertencia, 26
Distancias, 27
El telar cmpartido, 28
Desterrado, 29
Siempre, 30
A vosotros, 31
Símbolos, 32
Los navegantes del narciso dorado, 33
Vidas paralelas, 34

Sala 2
Paisajes, 35

Incendio, 37
Poder, 38
Hierba, 39
Tala de una chopera, 40
Esencia, 41
Atardecer, 42
House-home, 43
Tratado sobre el color en verso alejandrino,
44
Silencios, 45
Cantata de los parques, 46
Escorzo de futuro, 47

Sala 3
Siluetas, 49

Sanguina de las ignoradas, 51
Las sombras, 52
"Ancestra", 53
Revisión de heroínas, 54
Panegírico a las mujeres físicas, 55
Madre, 56
¿La prudencia en la mujer?, 57
El tendal, 58
Cultivo de escritora, 59

Sala 4
Pintura bélica, 61

Horizonte devastado, 63
Supervivientes, 64
Crónica imposible, 65
La corresponsal de guerra, 66
Bombardeo, 67
Fugalicidad, 68
Niña en pijama blanco, 69

Sala 5
Abstracción, 71

Presencia ausente en fondo negro, 73
Negación del clarooscuro, 74
En el principio era la música, 75
Culminación, 76
Transverso, 77
Héroe, 78
Génesis, 79
Universo-tiempo, 80
Soneto del desengaño, 81
Germen, 82
Su voz, 83

Agradecimientos, 85

Ediciones Vitruvio

Colección Baños del Carmen

Últimos libros publicados:

Poesía completa, de
Álvaro Pombo

En busca de Shaun-
Mor, de José Luis
Ariel Méndez

Al final del principio,
de Andrés Carlos
López Herrero

Poesía completa, de
Blanca Sarasua

Amor Maduro Busca,
de Ambrosio Gallego

Mamá se vá, de
Federico Jiménez
Asenjo

Tú llegarás a mi
ciudad vacía, de
Daniel López Acuña

Los amarillos ojos de
la bestia, de Angélica
Morales

Traslúcida, de
Fernando Pastor
Mata

Sonetos de amor y de
agonía, de Jaume
Mesquida

Diálogo, de Lander
Sánchez

Que no nos pase nada,
de Federico Jiménez
Asenjo

Fiebre del olvido, de
Leonardo David
Segado

Luz de labio con el
beso dentro, de Pedro
Villarejo

Luces en la sombra,
de María José Pérez
Grange

Vivo en la carretera,
de Emilio Alonso

Con el paso del
tiempo, de Elena de
Jongh

Hambre y sed de
paraíso, de José
Ramón del Canto

Cajas, de Nieves
Viesca

La sangre en dos
orillas, de Pablo Villa

Para saber que existo,
de Karlos Linazasoro

Esta es la noche, de
Jesús Ayet

Entre la herida y la
sombra, de Sonia
María Riera Gata

Deja la vida en paz,
de Pilar Úcar

Poemas dedicados, de
Encarnación Sánchez
Arenas

Entre dos mundos, de
Julián Borao

Esta es la noche, de
Jesús Ayet